# RAPPORT

LU EN SÉANCE PUBLIQUE DE LA FACULTÉ DE DROIT DE PARIS

LE 1ᵉʳ AOUT 1861

SUR LE

## CONCOURS DE DOCTORAT DE 1860

ET LE

## CONCOURS DE LICENCE DE 1861

### Par M. PAUL GIDE, Agrégé.

MESSIEURS,

Le rapport que nous vous présentons n'a pas seulement pour but de vous faire connaître les résultats de nos concours ; c'est aussi un hommage public rendu à tous les élèves studieux de cette Faculté, et, à côté du petit nombre des lauréats, nous y inscrivons les noms de tous ceux dont les diverses épreuves ont constaté le zèle et les travaux. Si partout, en effet, le travail est honorable et méritoire, il l'est surtout lorsque, comme dans cette École, il est plus libre et plus volontaire. Oui, Messieurs, ceux d'entre vous qui s'y sont résolument voués, ont su donner de bonne heure l'exemple d'une énergie et d'une vertu viriles : pour la première fois maîtres de leur conduite, ils ont su plier d'eux-mêmes leur jeune indépendance au joug de la règle et du devoir ; environnés de toutes les séductions de l'oisiveté, ils leur ont pré- féré le charme austère de l'étude. Honneur à eux ! Nous sommes heureux de proclamer leurs noms et de les désigner ainsi à la confiance du gouvernement et à l'estime du pays.

Mais sur cette liste trop courte que nous allons vous lire, il est peut-être plus d'un élève laborieux qui n'a point trouvé place, et dont les efforts, mal

secondés par la fortune, demeurent ignorés et se dérobent à nos éloges. S'il en est ici quelques-uns qui, au terme de patientes études, aient vu le succès leur échapper, nous voudrions, à défaut d'autre récompense, leur donner au moins quelques paroles d'encouragement et de sympathie. Nous voudrions pouvoir les convaincre que, si le succès et l'éloge n'ont pas couronné leurs peines, leurs peines ne sont point perdues, et que le travail honnête et persévérant a toujours en lui-même un résultat plus utile que le succès extérieur, c'est le développement de nos forces intellectuelles et morales ; une récompense plus précieuse que des éloges publics, c'est l'approbation intérieure de la conscience et la satisfaction du devoir accompli.

Je dois maintenant, suivant l'usage, vous lire la liste des étudiants qui ont obtenu majorité de boules blanches dans l'ensemble de leurs examens. Cette liste se divise en deux parties : la première, comprend les élèves admissibles au concours de licence, et la seconde les licenciés reçus depuis le 16 juillet 1860 jusqu'au 15 juillet 1861.

---

LISTE des Étudiants admissibles à concourir en 1861, et qui ayant soutenu leur thèse ou au moins passé leur quatrième examen avant le 16 juillet 1861, ont obtenu majorité de boules blanches dans l'ensemble de leurs épreuves.

---

*Unanimité de boules blanches* (16 *boules*).

MM. FERLET (Jules-Henri), né à Bar-sur-Seine (Aube), le 12 août 1841.

ROUSSELLIER (Paul-Henri), né à Nîmes (Gard), le 17 août 1842.

VERNET (Jean), né à Cournon (Puy-de-Dôme), le 21 juin 1841.

#### 15 *sur* 16.

MM. BAISIER (Paul-Francisque), né à Condé (Nord), le 7 mars 1840.

BRUGNON (Claude-Nicolas Emmanuel), né à Besançon (Doubs), le 13 février 1842.

14 *sur* 16.

MM. De Fontaine de Resbecq (Ange-Léonce), né à Paris (Seine), le 6 avril 1840.

Goupy (Louis-Edmond-Alexis), né à Étampes (Seine-et-Oise), le 14 juillet 1839.

Nolleval (Alfred), né à Clamart (Seine), le 8 juillet 1840).

Rouillard (John-Joachim-Charles-Louis), né à Port-Louis (île Maurice), le 3 février 1837.

Tollu (Charles-Paul), né à Paris (Seine), le 12 avril 1841.

13 *sur* 16.

MM. Jacquand (Antoine-Marie-Pierre), né à Lyon (Rhône), le 29 août 1839.

Le Fur (Jules-Louis), né à Guémenée (Morbihan), le 29 octobre 1840.

Le Loup de Sancy (Pierre-Ange-Lucien), né à Paris (Seine), le 29 mai 1840.

Pauche (Alexandre-Benoît-Joseph), né à Nervieux (Loire,) le 5 novembre 1838.

12 *sur* 16.

MM. Cavaré (Marie-Paul), né à Paris (Seine), le 3 mai 1838.

Ferlet (Charles-Paul), né à Bar-sur-Seine (Aube), le 29 août 1839.

Guyot (Charles-Hyacinthe-Léon), né à Sainte-Preuve (Aisne), le 1er décembre 1839.

Morin (Louis-Charles-Théodore), né à Saint-Cyr-la-Rozière (Orne), le 22 mars 1839.

11 *sur* 16.

MM. Luquet (Pierre-Marie-Amédée), né à Longeau (Haute-Marne), le 11 janvier 1840.

Mascret (Louis-François-Stanislas), né à Thénelles (Aisne), le 29 janvier 1840.

Michel (Xavier-René), né à Mormoiron (Vaucluse), le 12 novembre 1840.

## 10 *sur* 16.

MM. Bourgain (Marie-Denis-Gabriel), né à Paris (Seine), le 1er août 1839.

Catta (Antoine-Benoît), né à Corte (Corse), le 24 novembre 1839.

Classing-Fruneau (Henri-Louis-Philogène), né à Blois (Loir-et-Cher), 25 février 1840.

Collombier (Camille-Alexandre), né à Einville (Meurthe), le 30 janvier 1838.

Giraudeau (Adolphe-René-Marie), né au Croisic (Loire-Inférieure), le 11 novembre 1837.

Hémar, (Albert-Marie), né à Paris (Seine), le 2 février 1840.

Jolly (Paul-Marie-Jules), né à Paris (Seine), le 6 mai 1840.

Maciet (Emile-Guillaume), né à Paris (Seine), le 28 mai 1840.

Nottin (Lucien) né à Choisy (Seine et Marne), le 1er juillet 1840.

Sauzet (Paul-Eugène-Marie), né à Lyon (Rhône) le 26 novembre 1840.

## 9 *sur* 16.

MM. Boissier (Jean-Aimé-Albert), né à Nîmes (Gard), le 10 mai 1840.

De Bellissen (Cyprien-Emmanuel-Marie), né à Toulouse (Haute-Garonne), le 7 octobre 1840.

Dragoumis (Étienne), né à Athènes (Grèce), le 14 janvier 1842.

Gavinet (Jean-Alfred-Marie), né à Limoges (Haute-Vienne), le 18 janvier 1841.

Hautcœur (Alfred), né à Bruay (Nord), le 12 février 1840.

Jeanpierre (François-Camille), né à Raon-l'Étape (Vosges), le 23 août 1839.

Laboulbène (Ulysse-Étienne-Dominique), né à Agen (Lot-et-Garonne), le 2 août 1829.

Viollet (Marie-Paul), né à Tours (Indre-et-Loire), le 24 octobre 1840.

LISTE des Licenciés qui ont obtenu majorité de boules blanches dans l'ensemble de leurs épreuves, depuis le 16 juillet 1860 jusqu'au 15 juillet 1861.

---

*Unanimité des boules blanches (21 boules).*

MM. BAUDOUIN (Jean-Magloire), né à Saint-Benoît-sur-Loire (Loiret), le 15 septembre 1817.

COLLIN (Auguste-Ange-Marie), né à Napoléonville (Morbihan), le 15 octobre 1838.

LACOIN (Marie-Annibal-Bernard-Félix), né à Paris (Seine), le 18 mai 1839.

*20 sur 21.*

MM. BALDÉ (Pierre-Auguste), né à Villiers-le-Sec (Seine-et-Oise), le 1er février 1839.

MOUILLEFARINE (Alexis-Eugène-Edmond), né à Paris (Seine), le 6 août 1839.

*19 sur 21.*

MM. DANIELOPOULO (Georges), né à Buckarest (Valachie), le 1er janvier 1837.

DRAGOUMIS (Marc), né à Athènes (Grèce), le 20 juin 1840.

*18 sur 21.*

MM. BÉRARD DE CHAZELLES (Pierre-Marie-Etienne), né à Clermont-Ferrant (Puy-de-Dôme), le 10 décembre 1838.

HUPIER (Charles), né à Bourg-le-Roi (Sarthe), le 31 décembre 1838.

PURNOT (Charles-Paul), né à Metz (Moselle) le 12 avril 1837.

RENAULT (Charles-Léon), né à Maisons-Alfort (Seine), le 24 septembre 1839.

TABARY (Émile-François-Théophile), né à Pommera-Grena (Pas-de-Calais), le 3 mars 1836.

17 sur 21.

MM. Léger (Auguste-Albert), né à Paris (Seine), le 30 décembre 1839.

Soyez (Charles-Émile-Gustave), né à Cambrai (Nord), le 11 février 1837.

16 sur 21.

MM. Baudrier (Émile-Alexandre), né à Paris (Seine), le 11 septembre 1839.

Letendre de Tourville (Marie-Pierre-Adrien), né à Auteuil (Seine), le 12 juillet 1838.

Robin (Georges) né à Paris (Seine), le 29 mai 1839.

Rozat (Jean-Ferdinand), né à Bordeaux (Gironde), le 11 mai 1838.

15 sur 21.

MM. De Laplane (Octave-Henri), né à Saint-Omer (Pas-de-Calais), le 7 août 1839.

Lacour (Théodore), né à Dannemarie (Haut-Rhin), le 29 octobre 183ə.

Oudot (Claude-Albert), né à Paris (Seine), le 26 août 1838.

14 sur 21.

MM. Broussaud (André-Antoine-Ferdinand), né à la Souterraine (Creuse), le 1ᵉʳ janvier 1840.

Cornudet (Léon-Marie-Michel), né à Paris (Seine), le 11 mai 1840.

Duvergier de Hauranne (Édouard-Prosper-Emmanuel), né à Paris (Seine), le 15 janvier 1839.

Jaubert (Dominique-Jacques-François), né à Brignole (Var), le 14 décembre 1840.

Lafont (Marie-Martin-Louis-Arthur), né à Bayonne (Basses-Pyrénées,) le 20 janvier 1839.

Lefebure (Léon-Albert), né à Wintzenheim (Haut-Rhin), le 31 mars 1838.

Légier du Mesteyme (Henri-Charles-Frédéric-Joseph-Aimé), né à Viens (Vaucluse), le 8 juin 1836.

Thellier (Félix-Léon), né à Saint-Fiacre (Seine-et-Marne), le 13 octobre 1838.

14 *sur* 18.

(Cet élève a été dispensé du 1er examen de baccalauréat.)

M. GIANNI (Alexandre-Constantin), né à Buckarest (Valachie), le 10 décembre 1834.

13 *sur* 21.

MM. BARÈME (Marc-Antoine-Jules), né à Avignon (Vaucluse), le 25 avril 1839.

CHARTIER (Henri-Marie-Victor), né à Laigle (Orne), le 12 octobre 1838.

CHRISTIAN (Arthur), né à Paris (Seine), le 26 février 1838.

DAVID (Raymond), né à Nantes (Loire-Inférieure), le 5 février 1840.

DELTOMBE (François-Célestin). né à Valenciennes (Nord), le 19 septembre 1838.

JANET (Léonce-Valentin), né à Paris (Seine), le 4 octobre 1830.

MORICE DE LA RUE (Aymar-Charles), né à Saint-Pair (Manche), le 23 décembre 1839.

TALANDIER (Hippolyte-Albert), né à Paris (Seine), le 18 février 1839.

TESTU (Rosolin-Natalis-Jules), né au Havre (Seine-Inférieure), le 22 décembre 1839.

12 *sur* 21.

AMELINE (Henri-Marie), né à Rennes (Ille-et-Vilaine), le 8 janvier 1840.

BOYENNAL (Claude-Germain-Arthur), né à Villers-les-Roye (Somme), le 20 septembre 1839.

CHERAMY (Auguste-Paul-Arthur), né à Mouliherné (Maine-et-Loire), le 10 janvier 1840.

DELPIRE (Théophile-Joseph-Félix), né à Paris (Seine), le 22 septembre 1839.

GARCEIN (Marius-Antoine), né à Clamensane (Basses-Alpes), le 6 mars 1831.

HAREL (Jean-Baptiste-Alfred), né à Port-Louis (île Maurice), le 31 juillet 1837.

LEHUEN-DUBOURG (François-Louis), né à Paris (Seine), le 18 juin 1839.

MARTINI (Bernard-Henri), ne à Dresde (Saxe), le 19 avril 1839.

Moulineau (Albert), né à Châteauroux (Indre), le 10 septembre 1840.

Penot (Émile), né à Abilly (Indre-et-Loire), le 6 août 1837.

Sadot (Jean-Léon-Frédéric), né à Lyon (Rhône), le 11 novembre 1840.

11 *sur* 21.

MM. Breton, (Ernest-Marie-François), né à Loches (Indre-et-Loire), le 20 septembre 1838.

Brunet (Jacques-Dufour), né à Saint-Denis (île de la Réunion), le 19 mars 1837.

Chevrier (Maurice-Ernest), né à Lyon (Rhône), le 11 août 1839.

Lavallart (Alexandre-Émile), né à Amiens (Somme), le 4 janvier 1839.

Miédan (Louis-Ernest), né à Bourbonne (Haute-Marne), le 14 octobre 1836.

Morard (Marie-Hubert-Chantal-Louis-Xavier), né à Domblans (Jura), le 18 août 1838.

Moustelon (Charles-Marie-Arthur), né à Saint-Pons (Hérault), le 25 mars 1838.

Pasquier (Jules-Esnest), né à Goudelancourt-lès-Pierrepont (Aisne), le 1er avril 1839.

Pellerin (Émile-Victor), né à Nantes (Loire-Inférieure), le 27 avril 1837.

Person (Paul), né à Rouen (Seine-Inférieure), le 21 septembre 1839.

Rivière de Larque (Charles-Antoine), né à Morainvilliers (Seine-et-Oise), le 29 septembre 1840.

Vidal (Jean-Baptiste-Pierre-Victor), né à Toulouse (Haute-Garonne), le 9 février 1833.

Walker (Julien-Georges), né à Paris (Seine), le 2 novembre 1839.

J'arrive à l'examen des deux concours, ouverts, l'un entre nos élèves de 3⁰ année, l'autre entre les docteurs et aspirants au doctorat.

Ici, j'aurai non-seulement à proclamer les noms des lauréats, mais à apprécier leurs œuvres. Dans cette appréciation, ne soyez pas surpris, Messieurs, si la critique vient souvent se mêler à l'éloge, et si cette critique est parfois un peu sévère. Nous voudrions vous apprendre à tirer profit de vos succès. Vous ne méconnaîtrez, j'en suis sûr, ni l'intention bienveillante de la Faculté dont je suis l'organe, ni, si je puis aussi parler de moi, l'intérêt plein de sympathie que m'inspirent vos luttes et vos triomphes. Il y a peu de temps encore, j'avais aussi ma part dans ces luttes ; et, récemment appelé à siéger auprès des maîtres que je vénère, je n'ai pu perdre l'habitude de me ranger au nombre de leurs disciples, et de me considérer en quelque sorte comme l'un des vôtres. Peut-être mes paroles y gagneront-elles en persuasion ce qu'elles pourraient y perdre en autorité. C'est sans doute dans cette pensée que la Faculté m'a choisi pour-son interprète : elle a voulu donner aux conseils qu'elle vous adresse une expression plus amicale, en faisant descendre sur le plus jeune et le moins autorisé de ses membres l'honneur de parler au nom de tous.

Je commencerai, Messieurs, par vous rendre compte des concours de licence. Sur les 39 élèves admissibles dont les noms viennent de vous être lus, 18 se sont présentés au concours de droit français, et 14 seulement au concours de droit romain ; nombres trop faibles, car les questions choisies étaient d'un intérêt assez général pour n'être étrangères à aucun des étudiants admissibles. Ces questions étaient, pour le droit romain : — « *Quelles sont les conditions nécessaires pour que la novation s'opère ?* » — et pour le droit français : « *quel est, pendant le mariage ou depuis sa dissolution, l'effet de l'inaliénabilité du fonds dotal quant aux droits des créanciers antérieurs ou non, soit au contrat de mariage, soit au mariage ?*

Ces deux concours, divers par leurs objets, par les concurrents, par les commissions qui les apprécient, ont présenté une coïncidence remarquable : les deux commissions ont chacune, à l'insu l'une de l'autre, présenté pour le premier prix le même candidat, M. Louis-Edmond-Alexis Goupy. La concordance de ces deux jugements, qui se servent l'un à l'autre de contre-épreuve, atteste à la fois, et la sûreté d'appréciation des juges, et l'éclatante supériorité de M. Goupy. Nous avons voulu signaler ce fait tout d'abord, non-seulement pour rendre au lauréat tout l'honneur qui lui revient, mais encore pour en tirer une preuve nouvelle d'une vérité proclamée bien des fois : c'est que le droit romain et le droit français sont deux sciences inséparables, et que l'étude historique des lois romaines est et sera toujours une condition indispensable à la connaissance approfondie de notre droit national.

Pour l'examen détaillé des deux concours, je ne puis mieux faire, Messieurs, que de laisser presque entièrement la parole aux habiles rapporteurs, MM. Demangeat et Rataud.

Le concours de droit romain ne présente que trois compositions dignes de récompense. La composition de M. Goupy, inscrite sous le n° 10 (1), est, dit le rapporteur, « un travail remarquable par la clarté de l'exposition ; l'auteur s'est parfaitement appropr.é les doctrines qui ont été enseignées, il les a bien comprises et heureusemen. reproduites ; et, sauf une lacune sur une question particulière, le sujet est traité, ou du moins indiqué dans toutes ses parties.

Au-dessous de ce premier travail, se place immédiatement la composition n° 7 (2). Elle égale presque la précédente quant à la netteté de l'exposition et l'exactitude des doctrines ; mais elle lui reste bien inférieure pour la richesse des développements. Un second prix est accordé à l'auteur, M. Jean Vernet.

Une seule composition, la composition n° 5, reçoit une mention honorable (3). « Il y a dans ce travail, dit le rapport, de très-bonnes parties ; » mais un peu de désordre dans l'exposition et une erreur assez grave, n'ont permis d'attribuer qu'une mention honorable à son auteur, M. Henri Rousselier.

Je dois vous rappeler en passant que MM. Vernet et Rousselier sont au nombre des trois élèves admissibles qui ont obtenu l'unanimité de boules blanches.

Dans le concours de droit français, nous retrouvons d'abord M. Goupy, sous le n° 18 (4). « Sa composition, dit M. Rataud, se fait remarquer, d'un côté par l'absence d'erreurs, de l'autre par des qualités qui la mettent hors ligne. L'auteur prend le sujet proposé corps à corps, il le traite d'une manière claire, concise et méthodique ; il sait mettre en relief les questions principales, et indiquer en peu de mots les points seulement accessoires. »

---

(1) *Devises :* Aide-toi, le ciel t'aidera. Suum cuique tribuere.

(2) *Devises :* Nemo qui condemnare potest absolvere non potest. Que sais-je?

(3) *Devises :* Agricolam laudat, juris legumque peritus, sub galli cantum consultor ubi ostia pulsat. Le droit, c'est le devoir.

(4) *Devises :* Interest reipublicæ mulieres salvas habere dot's. La dot ne peut être constituée augmentée pendant le mariage.

Derrière M. Goupy et à quelque distance, viennent maintenant trois concurrents qui se suivent de si près l'un l'autre, que la Commission a éprouvé quelque embarras à distinguer le rang de chacun. Ce sont les candidats inscrits sous les n^os 7, 14 et 17 (6). « Ces trois compositions, dit le rapport, présentent toutes des qualités importantes, et la question y est envisagée sous toutes les faces. »

Après un examen attentif, la Faculté donne la préférence et décerne le second prix à l'auteur de la composition n° 7, M. Antoine-Benoît Catta. M. Catta doit surtout sa supériorité à la manière large, au style élégant et facile, avec lesquels il sait exposer et discuter les questions.

« Les compositions 14 et 17, continue le rapporteur, dénotent chez leurs auteurs beaucoup d'intelligence et des études consciencieuses ; mais l'exposition est parfois embarrassée et quelque peu obscure. » La composition 17 traite avec un soin particulier des droits des créanciers sur les fruits dotaux et du cas où la constitution de dot est universelle ; en conséquence nous devions la placer avant la composition 14. Ainsi nous donnons une première mention honorable à l'auteur de la composition 17, M. Paul-Francisque Baisier, et une seconde mention honorable à l'auteur de la composition 14, M. Jules-Louis Le Fur.

Enfin nous devons ajouter que, parmi les quatorze compositions de droit français qui demeurent sans récompense, il en est plusieurs qui auraient pu en obtenir dans un concours moins brillant.


Permettez-moi, Messieurs, d'entrer dans des développements plus étendus sur le concours de doctorat.

Le sujet choisi par M. le ministre de l'instruction publique était celui-ci :

« De la compensation et des demandes reconventionnelles dans le droit romain et dans le droit français ancien et moderne. «

Quelque simple que soit en elle-même l'idée de la compensation, son application juridique présente des difficultés qui ont préoccupé de tout temps le législateur et le jurisconsulte. Deux théories diverses ont longtemps partagé

---

(5) *Devises :* 7. Discite justitiam. On doit rechercher dans les lois quelle a été la volonté du législateur plutôt que de s'arrêter au sens littéral des termes. — 14. Summum jus summa injuria. Dote qui peut. — 17. Errare humanum est. Il faut être indulgent pour un premier essai.

la doctrine et tour à tour prévalu dans la loi : l'une attache la compensation à l'acte du juge qui la prononce, l'autre la fait résulter du fait même de la coexistence des deux dettes. La première idée, plus naturelle et plus simple, est celle des législations primitives, et ce n'est que par un long progrès que l'on est arrivé à la seconde qui régit les peuples modernes. Et ce qu'il y a de remarquable, c'est que législateurs et interprètes semblent avoir passé d'un système à l'autre sans en avoir conscience et sans s'en être aperçus, en sorte qu'on en est encore aujourd'hui à se demander à quel moment cette transformation s'est accomplie. C'est que l'opposition entre les deux principes n'est peut-être pas aussi radicale qu'il le semble d'abord : considérer la dette compensable comme sujette à une exception en justice, ou la considérer comme déjà privée d'effet et anéantie, ce sont là deux idées séparées par une pente sur laquelle il est aisé de glisser. D'ailleurs le législateur n'a jamais adopté l'un des deux systèmes sans le tempérer par des emprunts faits au principe opposé : si la loi romaine fait résulter la compensation de la déclaration du juge, elle en fait souvent rétroagir les effets jusqu'au moment où ont coexisté les deux créances ; et à l'inverse la loi moderne, tout en faisant dater de ce moment l'accomplissement de la compensation, en recule souvent les effets jusqu'au jour où elle est déclarée par le juge ; les deux législations, bien que partant de points diamétralement opposés, semblent converger vers un centre commun, où l'équité les attire. Ainsi l'on n'a pu parvenir encore à une théorie qui satisfît pleinement à la fois aux besoins de l'équité et aux exigences de la logique, et la formule définitive de la compensation est encore à trouver.

D'autres difficultés, et plus graves peut-être, attendaient les concurrents dans la seconde partie de leur tâche. La reconvention intéresse à la fois la procédure, en ce qu'elle porte atteinte aux règles de compétence, et le fond du droit, en ce qu'elle aboutit le plus souvent à une compensation. Et c'est précisément la jonction de ces deux rapports qui forme comme le nœud des principales difficultés du sujet, car ces deux intérêts sont contradictoires : ne considérez que l'utilité de la compensation, et vous admettrez la reconvention partout où elle peut conduire à une compensation judiciaire ; n'ayez en vue que le maintien des compétences, et vous repousserez la reconvention partout où l'ordre des juridictions en serait troublé. Auquel de ces deux intérêts donner la préférence, ou quelle part d'influence assigner à chacun ? La question est d'autant plus délicate que les lois, tant françaises que romaines, n'y ont jamais que fort incomplétement répondu, et ont laissé un champ très-vaste aux incertitudes de la doctrine.

Tels étaient, Messieurs, les principaux problèmes posés à nos docteurs. Deux seulement ont tenté de les résoudre. Le mémoire inscrit sous le n° 1 (1) a été jugé digne, à l'unanimité, de la seconde médaille d'or; sous le pli décacheté, la Faculté a reconnu un nom qui lui était resté cher, et elle est heureuse de pouvoir conférer aujourd'hui à M. Albert Desjardins la même distinction que, il y a trois ans, elle décernait à son frère. Le mémoire n° 2 a pour auteur M. Adolphe-Émile Lair (2); la Faculté n'a pas hésité à lui accorder la plus haute de ses récompenses.

Ces deux travaux remarquables se distinguent par des mérites divers et presque opposés. M. Desjardins a mis une diligence infatigable à explorer chaque partie du sujet, une scrupuleuse exactitude à en élaborer les moindres détails. Il a interrogé tous les documents, compulsé tous les auteurs avec un judicieux éclectisme, soumis tous les textes à une fine et pénétrante analyse; en un mot, il a réuni tous les matériaux d'un excellent travail. Après cela, il fallait, de ce vaste assemblage de questions et d'observations juxtaposées, faire un système; de cet amas de matériaux accumulés, faire un édifice. Mais les forces du jeune juriste semblent s'être comme épuisées dans ses laborieuses recherches, et au moment de la mise en œuvre elles lui ont parfois fait un peu défaut.

L'œuvre de M. Desjardins rappelle l'idée de ces tableaux, où tous les accessoires sont si soigneusement mis en lumière que l'ensemble en est comme obscurci; où les moindres traits d'une figure sont si minutieusement détaillés par le pinceau qu'elle en perd l'unité, et par suite la vie et le mouvement. Une institution juridique aussi a son unité et sa vie: sondez-la jusqu'au fond, et vous rencontrerez un principe essentiel et unique, qui l'anime dans toutes ses parties, et qui est comme la force vitale par laquelle elle se développe et elle fonctionne. Tant que vous n'aurez pas su pénétrer ainsi jusqu'au cœur d'une institution, vous pourrez bien en reproduire tous les traits extérieurs, mais non pas la physionomie intime et la vivante unité; vous pourrez nous donner d'exactes et curieuses recherches, mais non pas une théorie; vous ferez une œuvre d'érudition, plutôt qu'une œuvre de science.

Au reste, peut-être le temps a-t-il manqué à M. Desjardins pour donner à

---

(1) *Devises:* Longus est ordo, idem petentium decus. C'est à Rome, mes fils, que je prétends marcher.

(2) *Devises:* Reconvention n'a lieu en cour laye. — Ideo compensatio necessaria est quia interest nostra potius non solvere quam solutum repetere.

son travail la dernière main ; car son style même, dont l'abondance facile est parfois un peu diffuse, semble trahir une certaine précipitation : pour le rendre meilleur encore, il n'aurait eu sans doute qu'à en prendre le temps et la peine, ses succès à la Sorbonne nous en sont garants. Aurait-il pensé que chez nous les qualités littéraires n'étaient qu'un luxe inutile? Ce serait là une grave méprise : bien écrire n'est au fond autre chose que bien penser, et ce n'est que par une poursuite obstinée de l'expression la plus précise, que l'esprit serre de près sa pensée, s'en saisit et la domine.

Pour la forme comme pour le fond, le travail de M. Lair n'encourt pas les mêmes critiques. Son style est à la fois concis et lumineux, élégant et sobre. Maître dès le début des principes fondamentaux, il sait y rattacher toutes les questions particulières, fondre ainsi les détails dans l'ensemble, unir la largeur de la synthèse à la précision de l'analyse, et ramener tous les éléments d'un sujet varié et complexe à l'harmonie et à l'unité. Et maintenant notre jeune docteur ne se plaindra pas, si pour lui aussi nous faisons une part à la critique : que M. Lair ait les défauts de ses qualités ; que, dans l'entraînement d'une discussion vive et rapide, il néglige parfois quelque texte ou quelque détail, c'est là peut-être une faute pardonnable; mais nous sommes moins portés à l'excuser quand nous le voyons se départir des qualités même qui lui sont familières : ferme et vigoureux tant qu'il discute, il devient souvent hésitant et timide lorsqu'il s'agit de conclure, et on le voit parfois, après s'être rapidement approché du but et près d'y atteindre, s'arrêter indécis Que M. Lair ait plus de confiance en la logique qui le sert si bien ; qu'il ose suivre résolument la voie qu'il s'est ouverte, dût-elle l'éloigner de l'ornière. Des erreurs originales sont souvent plus profitables à la science que des vérités rebattues.

A cette appréciation générale des mérites respectifs des deux mémoires, je dois, Messieurs, pour être complet, joindre quelques observations particulières sur chacun des trois sujets spéciaux qu'ils comprennent, le droit romain, l'ancien droit français et le régime de nos Codes.

Pour le droit romain, les conclusions principales des deux concurrents sont presque identiques : l'un et l'autre n'admettent, à toutes les époques de la législation romaine, qu'une compensation purement judiciaire. Il n'est pas étonnant que d'aussi bons esprits que MM. Lair et Desjardins se rencontrent; mais ce qui est plus singulier, c'est de les voir se rencontrer parfois sur le terrain du paradoxe : ils prétendent l'un et l'autre que, sous Justinien, le créancier qui vient à détenir la maison ou le champ de son débiteur, peut se dispenser de le rendre au propriétaire qui le réclame, en disant à celui-ci que son droit de propriété s'est compensé avec sa dette. M. Desjardins avoue que cette doctrine est *hardie ;* nous disons nous qu'elle est téméraire : il faudrait un texte un peu plus formel que ceux qu'il invoque, pour nous faire accepter cette monstrueuse anomalie d'une compensation qui aurait pour résultat, non plus une extinction de créance, mais une translation de propriété et une aliénation forcée !

L'ancien droit français présentait aux concurrents un sujet d'étude plein de difficultés et d'intérêt à la fois. Sur le terrain étroit de la compensation, ils pouvaient nous montrer en présence et en lutte tous les éléments divers de notre ancien droit : d'abord le droit féodal, qui, fondé sur le principe des justices patrimoniales, dut rejeter une institution dont l'effet naturel était d'attirer une cause d'une juridiction dans une autre ; le droit coutumier, d'abord soumis à l'empire exclusif des principes féodaux et s'ouvrant plus tard à d'autres influences ; le droit écrit et le droit canonique, dépositaires des traditions romaines et les faisant pénétrer insensiblement dans les pays de coutumes ; enfin le pouvoir royal, qui, intervenant à son tour dans la lutte parmi les adversaires de la féodalité, autorise les compensations par des lettres royaux, et parvient ainsi peu à peu à en étendre le principe par tout le royaume. Et, dans ce développement progressif de la compensation en France, on pourrait retrouver une image fidèle de son développement dans l'ancienne Rome : chez les deux peuples, l'on voit cette institution, d'abord repoussée par les exigences d'une procédure étroite et rigoureuse, là par la juridiction formaliste des Douze Tables, ici par la juridiction de monopole de la féodalité, et étroitement resserrée de part et d'autre dans le domaine des contrats synallagmatiques ; puis le préteur avec ses *exceptions*, le roi avec ses *lettres de compensation*, font peu à peu tomber les barrières élevées par l'ancienne procédure, et quand l'œuvre est accomplie, quand le principe de la compensation a partout triomphé, l'exception prétorienne et les lettres royaux, instruments désormais inutiles, disparaissent à leur tour. Ainsi, malgré les différences de temps et de lieu, nous voyons cette lutte du principe d'équité contre le principe formaliste passer par les mêmes phases et aboutir au même dénoûment.

La compensation a donc son histoire, et c'est cette histoire que nous demandions à nos jeunes docteurs. Or ce n'est pas là précisément ce que M Desjardins nous a donné : négligeant l'influence féodale et prenant son point de départ au triomphe de l'influence romaine, il fait presque commencer l'histoire de la compensation là où elle devrait finir, et le plus souvent, au lieu de nous raconter la formation du droit, il ne nous donne que le commentaire du

droit déjà formé. Le travail de M. Lair, plus complet comme étude historique, contient cependant une inexactitude que nous croyons utile de rele-
ver : la manière dont il interprète la coutume de Paris sur la reconvention le
conduit à supposer une différence tranchée entre la pratique du seizième
siècle et celle du dix-huitième ; mais son interprétation, fût-elle juste au point
de vue de l'exégèse, serait fausse au point de vue de l'histoire, car elle est con-
tredite par presque tous les auteurs du temps, et la révolution juridique
dont il a cru découvrir la trace dans les textes se trouve démentie par les
faits. Cette observation nous conduit à une critique plus générale : peut-être
M. Lair aurait-il un peu trop de penchant à placer l'histoire du droit dans
les textes plutôt que dans les faits eux-mêmes, sans s'apercevoir que, dans
un droit coutumier surtout, la loi écrite n'est qu'une copie souvent infidèle
et toujours incomplète de la loi réelle, qui vit et se développe spontanément
dans l'esprit et les mœurs de la nation.

Je termine cette critique déjà si longue par une seule observation sur
la partie relative à la législation actuelle. Ici la tâche devenait plus aisée : les
principes fondamentaux sont constants et simples, et l'équité, qui est le
principe suprême, fournit un moyen commode pour expliquer tout ce dont
la logique ne peut rendre raison. Mais il nous semble que MM. Lair et Desjardins ont quelque peu abusé de la commodité de cet expédient : parfois ils
se servent de la raison d'équité pour atteindre de plein saut des résultats
auxquels ils seraient également parvenus par le chemin plus long, mais plus
sûr d'une déduction rigoureuse. Dangereux procédé, Messieurs ! sans doute
le jurisconsulte, non moins que le législateur, doit tendre constamment à
l'équité ; mais il ne doit jamais oublier non plus que le droit n'est pas une
casuistique, mais une science ; et que, dans toute bonne théorie juridique,
c'est bien l'équité qui doit inspirer les prémisses, mais c'est la logique seule
qui doit dicter les conclusions.

Voilà bien des critiques, messieurs les lauréats : en vous les adressant,
nous ne voulons qu'exciter en vous de nouveaux efforts et vous préparer de
nouveaux succès. Nous voulons que ces mémoires ne soient pas seulement
le terme et le couronnement de vos travaux académiques, mais qu'ils soient
en même temps le point de départ de plus grands travaux. Parcourez, dans
les annales de nos concours, les noms de vos devanciers : vous en trouverez
plusieurs qui, dans la littérature juridique, dans la magistrature, dans l'enseignement, ont bien mérité de la science ; quelques-uns même siégent aujourd'hui au nombre de vos maîtres, et je les nommerais ici pour l'honneur
de ces concours, si, parlant en leur nom, il ne m'était interdit de les louer. Et

vous aussi, Messieurs, peut-être un jour serons-nous heureux et fiers de retrouver vos noms sur les listes de nos lauréats et de les pouvoir citer aux générations nouvelles. La Faculté compte sur vous : elle vous a vus l'un et l'autre, par une longue série d'épreuves irréprochables, conquérir un diplôme de docteur sans tache ; quelque jeunes que vous soyez, déjà pour vous le passé répond de l'avenir.

La Faculté se félicite d'autant plus d'avoir à décerner en ce jour deux médailles d'or, que, depuis deux ans déjà, cette satisfaction lui était refusée. Trop souvent une sévère justice l'oblige à rester avare de ses récompenses. Grâce à vous, Messieurs, pour être juste aujourd'hui elle n'a qu'à se montrer généreuse.

Mais, si l'heureux succès des concours ajoute cette année à la joie de cette fête, des souvenirs funèbres viennent l'attrister, et, au moment même où nous encourageons vos premiers pas dans la science en vous promettant un bel avenir et une longue carrière de travaux, nous ne pouvons nous défendre d'un triste retour sur ceux que la mort vient de frapper au milieu même de la carrière et dans toute la force de leur talent. Dans cette réunion de famille, il est aujourd'hui une place vide ; c'est celle de M. Bravard-Veyrières, enlevé avant l'âge à l'affection de ses collègues, ravi à la science avant d'avoir terminé l'ouvrage dont il allait l'enrichir. Nous devons joindre à son nom celui de M. Laferrière, qui, lui aussi, occupait, sinon dans nos rangs, du moins dans le cœur de chacun de nous, la place d'un collègue ; et ce que nous pleurons en lui, ce n'est pas seulement cette intelligence élevée brusquement éteinte au moment où elle semblait augmenter d'éclat ; c'est ce cœur plein de bienveillance et de tendresse, c'est cette sensibilité vive et profonde, qui ne lui a pas permis de survivre à une affection brisée. Mais je dois m'arrêter, Messieurs ; il ne m'appartient pas de vous entretenir de la vie et des travaux de ces deux savants après l'hommage que M. le Président vient de rendre à l'un d'eux, après l'éloge qu'il prononçait naguère sur la tombe de l'autre. A ces éloquentes paroles, la Faculté veut ajouter un seul mot : c'est qu'elle ne peut séparer les regrets que lui laisse la perte de M. Laferrière, du bonheur qu'elle éprouve en voyant siéger à sa place le collègue qui nous préside aujourd'hui.

Il nous reste, d'ailleurs, à évoquer un autre souvenir de deuil. Ce n'est plus celui d'un savant jurisconsulte ou d'un écrivain renommé, c'est celui d'une femme dont la vie, absorbée tout entière par le dévouement maternel, s'est écoulée dans la retraite et vient de s'éteindre dans l'ombre. Vous ne serez pas surpris cependant, Messieurs, si nous venons rendre un public hommage à sa mémoire : nul de vous n'ignore que c'est à la générosité de madame Beaumont que vous devez ces médailles ; c'est, il vous en souvient, en mémoire de son fils unique, mort à 23 ans, au moment même où il venait de terminer ici les plus brillantes études, que madame Beaumont instituait les prix qui vous sont offerts, croyant, par une illusion touchante, retrouver en quelque sorte l'image du fils qu'elle avait perdu, dans chacun de ceux qui suivaient son exemple et renouvelaient ses succès. Depuis lors, chaque année en ce jour, la reconnaissance de la Faculté cherchait, par l'éloge public du jeune Beaumont, à soulager la douleur de sa mère. Aujourd'hui elle a rejoint son fils dans cette tombe où depuis vingt ans elle allait pleurer tous les jours ; désormais, quand nous payerons à la mémoire d'Ernest Beaumont notre pieux tribut, il n'est plus personne ici-bas qui puisse le recevoir. Nous ne cesserons pas cependant, Messieurs, de l'acquitter fidèlement chaque année, et de vous rappeler ce jeune condisciple, qui, sortant de cette école applaudi et triomphant, entrait plein de confiance dans la vie, et qui mourait le lendemain. Ce souvenir funèbre est gravé sur vos médailles et demeurera inhérent au souvenir de vos succès. Triste rapprochement, mais qui contient peut-être un enseignement salutaire : c'est qu'il y a pour nous ici-bas un but plus élevé à poursuivre que ces médailles fragiles et ces triomphes d'un jour ; et que si la mort vient, toujours avant l'heure, interrompre nos travaux et nous en ravir le fruit, il est un bien qu'elle ne saurait ravir à celui qui n'a aimé dans le travail que le devoir, et dans la science que la vérité ; car la vérité et le devoir sont éternels, et portent en eux-mêmes, pour l'âme qui s'y dévoue, des récompenses impérissables comme eux.

Mais nous avons encore, Messieurs, une autre dette de reconnaissance à acquitter, et à celle-ci du moins ne se mêlent aucuns souvenirs pénibles. M. le marquis de Godefroy-Méniglaise a bien voulu faire présent à la Faculté des portraits de ses deux illustres ancêtres, Denis Godefroy, l'érudit et ingénieux annotateur des Pandectes, et Jacques Godefroy, qui, éclipsant encore la gloire de son père, a légué à la postérité, dans son Commentaire du Code Théodosien, un trésor inépuisable d'érudition et de science. L'histoire littéraire présente peu de figures plus nobles et plus intéressantes que celle de cet infatigable savant, qui, voué dès sa jeunesse à une œuvre immense, y consume sa vie tout entière, et meurt en la terminant. Mais, si ses travaux ont épuisé ses forces et sa vie, ils assurent l'immortalité à sa mémoire ; le monument qu'il a élevé est toujours debout, et, comme ces sommets dont la hauteur se découvre mieux à distance, on le voit grandir d'âge en âge, à mesure

que, avec le cours du temps et le progrès de la science, on le considère
de plus loin et de plus haut. La Faculté se félicite de trouver, dans la solen
nité de cette séance, l'occasion de joindre à son hommage pour ce grand jurisconsulte, ses remercîments publics pour la libéralité de son descendant.

Et maintenant, Messieu ·, un mot encore pour vous dire adieu, à vous
surtout qui, ne laissant dans cette École que le souvenir de vos succès, allez
la quitter pour n'y plus revenir. Nous ne vous oublierons pas, et nous vous
suivrons de loin dans vos carrières. Et vous aussi, ne nous oubliez pas ; que
le souvenir de ces heureuses années d'études vous soit toujours cher ; et si,
durant ces jeunes années, où l'âme n'est pas encore fatiguée par l'expérience
et glacée par l'intérêt, vous avez trouvé quelque charme dans le culte désin-
téressé de la science, si vous vous êtes sentis saisis de quelque amour pour le
beau et le bien, que ces généreuses aspirations vous guident et vous ani-
ment toujours. Conservez toute votre vie cette jeunesse du cœur qui sait ré-
chauffer les nobles âmes jusque sous les glaces de l'âge. Et si l'on vient vous
dire que tous ces sentiments doivent s'évanouir avec les illusions de la jeunesse, pour faire place aux calculs de l'âge mûr, ne le croyez pas ! Ne déviez
jamais du droit chemin, quand vous verriez la fortune à côté ; et, si le succès
vous fait défaut, souvenez-vous qu'au-dessus des caprices de la fortune et des
injustices du monde, il y a la justice de Dieu

Typ. Charles de Mourgues frères, succʳˢ de Vinchon, rue J.-J. Rousseau, 8. — 4601.